6

Cómo disciplinar
a tus **HIJOS**

Cómo disciplinar
a tus HIJOS

Roy Lessin

BETANIA

Un Sello de Editorial Caribe

COMO DISCIPLINAR A TUS HIJOS
© 1982 EDITORIAL CARIBE
P.O. Box 141000
Nashville, TN 37214-1000

Publicado originalmente en inglés con el título de
SPANKING—WHY, WHEN, HOW?
Copyright © 1979 por Roy Lessin
Publicado por Bethany House Publishers
Minneapolis, MN 55438 E.U.A.

Versión castellana: Juan Sánchez Araujo

ISBN 0-88113-032-X

Printed in U.S.A.

E-mail: caribe@editorialcaribe.com

13ª Impresión

www.caribebetania.com

"El mejor regalo que un niño puede hacer a un padre es obedecerle con alegría".

T. A. Hegre

UNAS PALABRAS PARA EL LECTOR

El asunto de este libro se centra en el tema bíblico de los azotes. Sin embargo es importante recordar que el dar azotes es sólo un aspecto importante de la educación del niño.

La Biblia enseña a los padres: "Instruye al niño en su camino"; y los azotes han de entenderse en el debido contexto de dicha instrucción. Una educación adecuada de los niños abarca cuatro áreas esenciales: el amor, la disciplina, la enseñanza y el ejemplo. Cuando todas estas áreas funcionan juntas, el resultado es una educación debidamente equilibrada.

AMOR

EJEMPLO

"Instruye al niño en su camino, y aun cuando fuere viejo no se apartará de él" (Proverbios 22:6).

DISCIPLINA
(azotes)

ENSEÑANZA

Si los azotes no son entendidos en el contexto de las otras tres áreas, carecerán de equilibrio; y en lugar de producir resultados positivos, crearán una sensación de endurecimiento y desesperación en el hogar. Sin embargo, en el contexto del amor, de la enseñanza y del ejemplo adecuado, el dar azotes será algo efectivo en la educación del niño. En este libro no se tratan detalladamente los temas del amor, la enseñanza y el ejemplo, los cuales examino en mi otro libro *Cómo criar hijos felices y obedientes.*

El propósito de este libro es estudiar en detalle y cuidadosamente como Dios ve los azotes, a la luz del día en que vivimos. El dar azotes es un área que fácilmente se entiende mal y de la que se abusa, habiendo llegado a ser objeto de mucha crítica y ataque, e incluso declarada ilegal en ciertas partes del mundo. Aun así, es Dios mismo quien ha dado tan gran importancia a los azotes. Vamos a estudiar los pasaje de la Escritura donde él manda a los padres que los utilicen en la educación de sus hijos.

La mayoría de las preguntas que me hacen los padres en mis seminarios acerca de la educación de los niños, giran alrededor de los azotes. Confío en que al leer y estudiar acerca de este importante tema, el presente material proveerá respuestas de ayuda en cuanto al por qué, al cuándo y al cómo dar azotes, y que será un medio de instrucción práctica y de aliento para ti.

Roy Lessin
Primavera de 1979

INDICE

Primera Parte

¿Por qué son necesarios los azotes?

En cierta ocasión, una madre con un carro de supermercado lleno de comestibles luchaba con su hijo de cuatro años mientras esperaba en la cola para pagar:

—Ricardo, te dije que te quedaras aquí. No quiero que vayas donde están las revistas.

—¡Pero yo quiero ir! —dijo Ricardo soltándose de un tirón del brazo de su madre y corriendo de nuevo hacia las revistas.

—¡Vuelve acá ahora mismo o te voy a pegar!

—¡No! —gritó Ricardo.

De pronto, la mamá de Ricardo se salió de la cola, lo agarró por el brazo y tirando de él lo volvió a traer. Ricardo empezó a gritar, a retorcerse y a intentar escaparse de ella.

—¡Suéltame!

—¡Cállate y estáte quieto! —siseó su madre enfadada.

Pero Ricardo no cambió de actitud.

La lucha siguió hasta que por fin el cajero marcó el precio de los comestibles, los empaquetó y los amontonó en un carro listo para ser empujado hasta el coche. Y a su casa volvieron una madre y un hijo frustrados y enfadados.

Imagínate a un padre que vuelve a su casa después de un día en la oficina lleno de tensiones y descubre que su hijo de diez años ha desobedecido sus instrucciones y está jugando con su nuevo equipo de palos de golf:

—¡Eres un inútil! ¡Te dije que no tocarás mis palos de golf! ¿Cuándo vas a aprender a hacer caso? —vocifera el padre pegando cruelmente a su hijo en la cara.

Otra vez, una mujer estaba en la cola del mostrador principal en una biblioteca pública, esperando a que la bibliotecaria marcara las tarjetas de la pila de libros que había seleccionado. A su lado estaban sus dos hijos de edad preescolar. De pronto los dos niños empezaron a discutir entre sí, y enseguida a empujarse y a pegarse:

"¡Niños, dejen eso ahora mismo! ¿No saben que ésa no es forma de comportarse?" dijo la madre con evidente falta de autoridad.

Por entonces la bibliotecaria estaba

empezando a despachar la pila de libros de la madre, y el escándalo que hacían los niños atrajo su atención. Mientras se asomaba por encima del mostrador para ver más de cerca la disputa, la madre le dijo:

"¡Cuánto lo siento! Todavía no han tomado su siesta, y cuando no lo hacen están imposibles".

La bibliotecaria volvió a su trabajo, y la madre intentó en vano calmarlos varias veces más. Una vez que la bibliotecaria terminó, la madre juntó sus libros y se dirigió a la puerta. Sacudiendo la cabeza, hizo un último comentario a sus hijos acerca de su comportamiento:

"¡Niños, mamá está muy, pero que *muy* decepcionada de ustedes!"

Los padres quieren que su hijos los obedezcan cuando les piden que hagan algo, sin embargo muchos de ellos no consiguen ser obedecidos. Algunos llegan a desanimarse tanto y a tal estado de frustración que ni siquiera creen que sea posible el que sus hijos los obedezcan. Al preguntarle a una madre si sabía cómo hacer que los niños obedecieran, ésta respondió: "La única manera que conozco de que los niños obedezcan, es no tener ninguno".

¿Qué es lo que anda mal? ¿Por qué

muchos padres no obtienen los resultados que desean? ¿Por qué muchos padres a menudo sucumben a la ira, la frustración, la desesperación o la crueldad en sus intentos por educar a sus hijos?

Cuando alguien compra un aparato eléctrico para el hogar, éste viene con un manual de instrucciones del fabricante, que dice cómo utilizar el aparato y cómo conservarlo en las mejores condiciones de funcionamiento. Si algo va mal, se aconseja al cliente que se ponga en contacto con el fabricante para efectuar las reparaciones necesarias. Así es también con la familia. La familia ha sido ideada por Dios. El la creó. En su Palabra ha dado instrucciones claras acerca de cómo ha de funcionar. El es quien ha de ser consultado por los padres cuando éstos tienen problemas con la educación de sus hijos. Dios ha dado a los padres el abundante consejo de su sabiduría para guiarlos en el importante asunto de cómo educar a sus hijos.

OBSTACULOS A LA DISCIPLINA

Muchos de los problemas y fracasos que los padres experimentan al educar a sus hijos son causados por su falta de búsqueda de la sabiduría de Dios y de su instrucción para aplicarlas a sus vidas; y son varios los obstáculos que impiden que los padres reciban la sabiduría y la instrucción de Dios en cuanto a la disciplina.

El pensamiento humanista

Uno de los obstáculos que impide que se discipline, es la influencia del humanismo. A menudo esta filosofía propugna la idea de que la autoridad de los padres y la disciplina son malas; y que impiden la verdadera libertad. Otro de los "caballos de batalla" de la filosofía humanista, es el concepto de que los niños son básicamente buenos y que dejados a sí mismos crecerán llegando a ser personas felices y realizadas. Por causa de la fuerte influencia que tiene esta manera de pensar secular, aun entre los cristianos, muchos padres llegan a ser escépticos en cuanto a la disciplina y piensan que obstaculizarían el desarrollo y la futura felicidad de sus hijos si les dieran azotes.

Sin embargo, la Biblia nos dice que "la necedad esta ligada en el corazón del muchacho; mas la vara de la corrección la alejará de él" (Proverbios 22:15). Aquí la necedad no describe a alguien que esté jugando, que tenga un buen sentido del humor, o que sea inmaduro. La palabra necedad describe una disposición egoísta del corazón que no toma en cuenta la sabiduría ni la voluntad de Dios, escogiendo una vida independiente de El. La Biblia también enseña que "el muchacho consentido" (a quien se le deja hacer lo que quiere) avergonzará a su madre" (Proverbios 29:15). La verdadera libertad viene cuando el corazón es liberado de esa actitud egoísta e independiente, no de los padres y de su autoridad. Esta libertad trae consigo una felicidad real y duradera, al quedar libres los niños de la culpabilidad y esclavitud causadas por el egoísmo.

También es importante que comprendamos el propósito de Dios al establecer la autoridad de los padres y la disciplina en el hogar. El quería que ambas cosas fueran para bien; que fueran una influencia positiva y redentora sobre los niños. Dios quiere que los padres den a sus hijos el tipo de liderazgo que éstos *necesitan*, no el que ellos quieren. Los niños, con su conocimiento y experiencia limitados, no son capaces de discernir lo que es bueno o mejor para ellos. Necesitan pautas, que reciben por medio de la autoridad de los padres. Un niño de dos años puede querer desayunar helado, pero no tiene suficiente conocimiento acerca de la alimentación como para saber que no es bueno que tome helado a modo de comida.

El reino de Dios es un reino de amor y orden; es un reino de relaciones apropiadas. El deseo de Dios es que una familia experimente y exprese su reino en el hogar. Su propósito al poner a los padres en autoridad no es el que pueden proveer un liderazgo cruel, duro o injusto; ni tampoco indiferente, descuidado o permisivo. Mas bien han de proporcionar el mismo liderazgo amoroso y solícito que Dios provee para sus hijos espirituales. El Padre celestial es el ejemplo por excelencia de autoridad paterna o materna.

Amor falso

Otro obstáculo para disciplinar surge de un entendimiento erróneo de lo que es el amor. Algunos padres dirán: "Quiero demasiado a mis hijos para pegarles". Puede que esto suene bien, pero se queda corto en cuanto al tipo de amor que Dios quiere que los padres muestren para con sus hijos.

Dios es amor; su amor desea lo mejor y más alto para cada individuo. Ya que el verdadero amor escoge lo mejor, ha de corregir cualquier cosa en la vida de un individuo que le impediría obtenerlo. Sin verdadera disciplina no hay verdadero amor, y sin verdadero amor no hay verdadera disciplina: "El que detiene el castigo, a su hijo aborrece; mas el que lo ama, desde temprano lo corrige" (Proverbios 13:24).

Por ejemplo: el amor conoce que cosas como la desobediencia, el egoísmo, la ira o el resentimiento no dejarán que los niños alcancen lo mejor de Dios para sus vidas. El amor dice: "Me importan demasiado para permitir que eso se quede sin corregir".

Si los padres toman a Dios como ejemplo, serán fieles en disciplinar a sus hijos cuando éstos lo necesiten. Al disciplinar estarán expresando el tipo de amor que los niños realmente necesitan: "Hijo mío, no menosprecies la disciplina del Señor, ni desmayes cuando eres reprendido por él; porque el Señor *al que ama*, disciplina, y azota a todo el que recibe por hijo" (Hebreos 12:5, 6).

Es importante que recordemos que el deseo más alto que un padre puede tener para sus hijos es que lleguen a amar y a servir a Dios con todo su corazón. Mediante una disciplina adecuada, un padre está ayudando a preparar los corazones de sus hijos para que amen y sigan la voluntad de

Dios para ellos, y para que conozcan el gozo y la paz que El desea darles por medio de su Hijo Jesucristo.

El abuso de los niños

Otra de las causas de que los padres no den azotes a sus hijos es la cuestión del abuso de los niños. Este es un asunto que ha sido, con razón una fuente de tristeza para la gente que se preocupa por las cosas que pasan en el mundo. El abuso infantil puede manifestarse bajo diferentes formas: abuso sexual, verbal, físico e incluso emocional. Estoy seguro de que para todos ha sido un "shock", y todos hemos sentido repulsión al oir de padres que, en nombre de la disciplina, han golpeado a sus hijos de manera incontrolada, causándoles lesiones y llegando incluso hasta el punto de romperles huesos o dislocarles miembros. A veces se descubren casos extremos de abuso de niños: uno del que se supo recientemente se relacionaba con un niño que había estado encerrado en una alacena durante semanas enteras, sin que se le permitiera hablar o ver a nadie.

Muchos adolescentes que se escapan de casa, lo que pretenden es huir del abuso emocional al que se ven sometidos en sus hogares materialistas burgueses. El amargo lamento de los padres, que no conciben la idea de una disciplina solícita, participante y amorosa como la que faltaba en su hogar, es: "¡Pero si le dábamos todo lo que quería!"

¡Qué tragedia es que haya hijos cuyos padres no miran a Dios para recibir de El la instrucción y el ejemplo que necesitan para un liderazgo amoroso! Sea cual fuere la forma que adopte —de negligencia y rechazo, o de asalto y brutalidad— todo padre debería despreciar el abuso de los niños.

Sin embargo, al mismo tiempo que desecha incluso el pensamiento mismo del abuso del niño, los padres han de ser cuidadosos en no desechar también el dar azotes, que es la manera que Dios ha dado para proveer corrección amorosa. No han de confundirse los azotes con el abuso de los niños. Los padres han de guardarse del miedo de que la disciplina aplicada con amor sea una forma de abusar de sus hijos; también han de cuidarse de no criticar y juzgar equivocadamente a aquellos —otros padres— que la aplican.

El *no* aplicar la disciplina amorosa de los

azotes también es una forma de abusar del niño. Los niños necesitan la corrección amorosa de los azotes porque sus repercusiones son tanto temporales como eternas: "No rehúses corregir al muchacho; porque si lo castigas con vara, no morirá. Lo castigarás con vara y librarás su alma del Seol [infierno]" (Proverbios 23:13, 14).

"Corregir con vara" no significa darle puños y tirarle objetos al niño, sino dar azotes de la manera apropiada; no con el propósito de causar lesiones físicas, sino de suministrar amorosa corrección al corazón del niño. El momento de dar azotes no tiene como finalidad el que los padres liberen sus frustraciones personales, su tensión o su ira: "Porque la ira del hombre no obra la justicia de Dios" (Santiago 1:20). Mientras que el abuso físico del niño puede resultar de la ira, el egoísmo, la frustración o la ansiedad, la disciplina adecuada provista por los azotes es motivada por el amor.

Aunque no se pretende que los azotes sean una experiencia agradable ni para un niño ni para un padre, pero si se administran debidamente producen beneficios positivos y duraderos: "Es verdad que ninguna disciplina al presente parece ser causa de gozo, sino de tristeza; pero después da fruto apacible de justicia a los que en ella han sido ejercitados" (Hebreos 12:11).

El Señor nos bendijo haciéndonos padres de una niñita saludable y satisfecha. Dormía, comía y arrullaba como debía. Un día, cuando era un poco mayor, mi esposa fue a acostarla para que tomara su siesta habitual de la tarde. De repente, la niña dejó escapar el más obvio grito de protesta, que significaba: "No quiero ir a la cama". Durante varios días protestó de la misma manera al llegar la hora de la siesta. Mi esposa y yo decidimos que debíamos disciplinarla con unos azotes cada vez que esto sucediera. En menos de una semana, su actitud había cambiado, la protesta terminó e iba a la cama con una buena disposición. Por haberse resuelto el problema, la hora de dormir se convirtió en un tiempo agradable y tranquilo para todos nosotros, en vez de ser un tiempo de conflicto y tensión.

Al aplicar el mismo principio de la disciplina amorosa a otras áreas de la vida de nuestros hijos que necesitaban corrección, experimentamos los mismos resultados positivos. Así sucedió que la obediencia se convirtió en una parte normal de su comportamiento con la que se contaba. El mal humor y la queja dejaron paso a actitudes afables y felices. Comprendimos que podíamos en verdad disfrutar de nuestros hijos durante cada fase de su desarrollo. No nos atemorizaba el llevarlos a otros sitios, ni temíamos sus reacciones cuando les pedíamos que hicieran alguna cosa. Llegaron a ser para nosotros un símbolo de la fidelidad de Dios para con su Palabra: vimos el "apacible fruto de justicia" que El había prometido producir en ellos. Eso no quiere decir que fueran perfectos, o que nosotros nunca cometiéramos errores. Su educación requirió mucho tiempo y trabajo, especialmente durante los primeros seis años. Pero el fruto llegó; la alegría y la obediencia fueron el resultado.

Mientras discutía recientemente la diferencia entre la verdadera disciplina y el abuso de los niños con un grupo de padres, oí esta historia: "Cuando era pequeño", dijo un hombre, "mi padre pasaba por períodos de mucha ira y frustración, en los que daba golpes a todo el que se le ponía de por medio. Durante algunos de aquellos arrebatos, caí víctima de su furia. A menudo me daba puñetazos y me causaba lesiones". Y continuó diciendo: "Ahora que soy padre, encuentro difícil el dar azotes a mi hijo cuando sé que los necesita. Cada vez que estoy a punto de dárselos, me acuerdo de lo que mi padre me hacía y me vuelvo atrás". La reacción de aquel hombre al comportamiento de su padre es comprensible, aun así permitió que su experiencia le empujara al extremo opuesto en el trato con su propio hijo. El deseo de Dios no es: ni que los padres abusen físicamente de sus hijos, ni que sean negligentes en cuanto a la corrección que éstos necesitan. La siguiente ilustración ayudó a aclararle a aquel hombre dónde estaba el equilibrio que necesitaba en su vida. Imaginemos un péndulo:

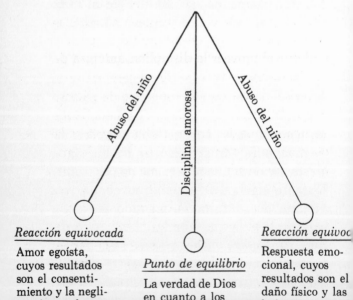

Reacción equivocada

Amor egoísta, cuyos resultados son el consentimiento y la negligencia en la corrección

Punto de equilibrio

La verdad de Dios en cuanto a los azotes.

Reacción equivoc

Respuesta emocional, cuyos resultados son el daño físico y las lesiones.

Al experimentar el error de una u otra posición extrema, uno puede reaccionar con la opuesta— también equivocada—en vez de adoptar la de equilibrio, que es la verdad de Dios.

La pereza

Otro de los obstáculos con los que los padres se encuentran para dar azotes a sus hijos es su propia pereza. El dar azotes demanda un compromiso completo de la voluntad de ambos padres si ha de tener una parte efectiva en la educación de los hijos. Algunos padres dicen: "No me gusta tener que dar azotes a mis hijos para corregirlos porque supone demasiado trabajo". Es verdad que el proveer la disciplina amorosa de los azotes es un trabajo duro, pero se ha de hacer en obediencia a la Palabra de Dios; y el esfuerzo merece la pena, si la meta de los padres es que los frutos de la alegría y la obediencia aparezcan en las vidas de sus hijos. Cuidar un huerto es un trabajo duro. El preparar la tierra, sembrar, fertilizar, regar y arrancar las malas hierbas, toma tiempo. Pero los resultados—una cesta de verduras frescas en la mesa de la cocina— hace que se desvanezca la memoria de la dura labor. También el dar azotes es una parte necesaria del trabajo a realizar para que las vidas de los niños produzcan un fruto positivo.

Repetiré: Los azotes no son algo que el hombre ha ideado para educar y disciplinar a los niños. Tampoco es una idea pasada de moda. El dar azotes es idea de Dios; El es quien ha mandado a los padres que den azotes a sus hijos como una expresión de amor. El hacerlo no es opcional. Es un asunto en el que el amor no puede transigir. La pregunta a la que los padres nos enfrentamos es: ¿Amamos suficientemente a Dios para obedecerle? ¿Amamos lo bastante a nuestros hijos para aplicarles la corrección de los azotes cuando lo necesitan? Si somos fieles en obedecer a Dios en amor y cuidadosos en dar azotes a nuestros hijos de la *manera apropiada* y por las *razones justas*, empezaremos a ver que las vidas de nuestros hijos producen los frutos positivos que Dios ha prometido.

Pensamiento clave

Es Dios quien manda a los padres que den azotes a sus hijos como una expresión de amor.

Versículo clave

"El que detiene el castigo, a su hijo aborrece; mas el que lo ama, desde temprano lo corrige" (Proverbios 13:24).

Segunda Parte

Cuándo dar unos azotes

Es bastante corriente entre los padres que entienden la necesidad de los azotes desde el punto de vista de Dios, la falta de conocimiento acerca de *cuándo* han de darlos. Nunca ha sido el propósito de Dios el que los azotes se administren de una manera caprichosa; éstos tienen un cometido preciso y se han de dar por razones específicas.

CINCO CASOS EN LOS QUE *NO* SE DEBE DISCIPLINAR

Inmadurez por causa de la edad

Nunca se deben usar los azotes para obligar a un niño a que haga algo para lo que no está capacitado por causa de su corta edad. No hay nada malo en las limitaciones que se tienen a los dos, seis o más años. Dios quiere que los padres disfruten de sus hijos en cada etapa de su crecimiento. Los niños, llenos de vida y espontaneidad, pueden ser inocentes e ingenuos en su manera de pensar, y directos y sinceros en sus palabras. No se pretende de ellos que asuman las responsabilidades o tomen las decisiones de un adulto. La inmadurez propia de la edad no es algo que requiere disciplina.

Falta de habilidad

Los padres han de cuidarse también de no utilizar los azotes para intentar que sus hijos reproduzcan los talentos de otros. Sería cruel e injusto, por ejemplo, el obligar a un niño mediante la disciplina a igualar las dotes atléticas o intelectuales del hijo de un vecino. En una misma familia, puede que haya un niño al que le guste leer en sus ratos libres; otro puede disfrutar haciendo cosas con sus manos; aún un tercero puede tocar hábilmente un instrumento musical. Los padres no deberían cometer la equivocación de comparar a sus hijos entre sí, ni de intentar obligar a un niño a tener los mismos intereses que otro. El hacerlo puede crear frustración y tensión tanto en los padres como en los hijos. Un padre debe animar y permitir que florezcan los dones particulares que Dios ha dado a cada niño. Cada hijo es único en su habilidad, aptitud y personalidad.

Los accidentes

Los descuidos auténticos y los accidentes involuntarios no son razones para dar azotes. Los padres deben distinguir cuidadosamente entre el comportamiento *sin falta* y el comportamiento *sin culpa* en sus hijos. Muchas veces, los niños pueden intentar ayudar espontáneamente a sus padres y sin embargo los resultados no consiguen estar a la altura de los propósitos.

Una noche, después de la cena, una madre cansada se ausentó de su casa durante una hora para comprar algunas cosas necesarias, y sus hijos decidieron que querían darle una sorpresa fregando los platos antes de que volviera. Después de consultar con su padre, se pusieron manos a la obra. Cuando la madre llegó a casa, quedó encantada al descubrir una cocina limpia—con los platos fregados y guardados. Más tarde, aquella misma noche, al ir a tirar algunos papeles a la basura, se encontró con que uno de sus vasos favoritos estaba roto en el cubo; sin embargo supo que aquello no era algo que debía disciplinar. Sabía que aunque sus hijos no habían logrado fregar los platos sin cometer ninguna *falta*, su intención era sin *culpa*.

Información incompleta

Otro caso en el que no se deberían dar azotes es cuando los padres no están seguros acerca de los hechos que rodean a un incidente en particular. ¡No te apresures a juzgar si no están claros todos los puntos! Un padre no debería considerar suficiente una información "de segunda mano", sino que debería estar seguro de lo que realmente aconteció.

Un día mi hija entró en casa llorando de dolor, tapándose un ojo con la mano. Cuando le preguntamos qué había pasado, nos dijo que su hermano le había pegado. Imaginando lo peor, hice entrar al niño y empecé a reprenderle, seguro de que merecía unos azotes. Afortunadamente, antes de aplicarle la corrección final, supe lo que realmente había sucedido: no es que le hubiera pegado deliberadamente, sino que botando una pelota en el patio, ésta había rebotado en una piedra y le había dado a ella en el ojo. Enseguida pedí perdón a mi hijo por mi conclusión precipitada, y él a su vez hizo lo mismo con su hermana por haberle hecho daño sin querer.

En un acceso de ira

Un padre no debe dar azotes a su hijo llevado por la ira. Los azotes no tienen como finalidad aliviar la frustación de los padres, ni deben depender de las emociones de éstos. El resultado de este tipo de disciplina es el abuso del niño. Más bien, el dar azotes es proveer una corrección amorosa sobre la base de la obediencia a la Palabra de Dios.

Para saber cuándo se deben dar unos azotes, es importante recordar cuál es el propósito último o la meta que los padres deben tener para con sus hijos. La meta más alta que el amor puede tener para los hijos es que lleguen a creer en el Señor Jesucristo como su Señor y Salvador personal, y que con un corazón lleno de amor le sirvan y obedezcan con alegría. Por lo tanto, la meta que los padres han de tener en segundo término es que las cualidades positivas del carácter de Cristo sean formadas en sus hijos. Los azotes se dan con el propósito de ayudar a corregir aquellos aspectos de la vida del niño que le impedirían obedecer con gozo al Señor. Por último, los azotes ayudan a preparar los corazones de los niños para que busquen lo más alto y mejor que Dios tiene para ellos.

DOS AREAS EN LAS QUE HAY QUE DISCIPLINAR

Las dos áreas específicas en las que un niño necesita corrección, son: la *desobediencia voluntaria* y las *malas actitudes*. Si los padres enseñan a sus hijos a obedecerles con una buena actitud, estarán preparándolos para que obedezcan a Dios con una actitud semejante: "Hijos, obedeced en el Señor a vuestros padres, porque esto es justo" (Efesios 6:1). La importancia que Dios da a estas áreas en la vida de una persona podemos verla en las siguientes escrituras: "Oh hombre, él te ha declarado lo que es bueno, y qué pide Jehová de ti: solamente *hacer justicia, amar misericordia,* y *humi-*

llarte* ante tu Dios" (Miqueas 6:8); "El fin de todo discurso oído es este: *Teme a Dios y guarda sus mandamientos;* porque esto es el todo del hombre" (Eclesiastés 12:13).

Las áreas de la obediencia y de las buenas actitudes como se enfatizan en estos versículos podemos verlas de la siguiente manera:

La obediencia	*Las buenas actitudes*
Hacer justicia	Amar misericordia
Andar	Humildemente
Guardar sus mandamientos	Temer a Dios

Dios demanda de todos la obediencia y buenas actitudes, y los padres deberían también demandarlas de sus hijos. Estas cosas han de considerarse muy importantes en la educación de un niño. Los padres deben demandar de sus hijos la obediencia voluntaria porque así lo ha mandado Dios. Esta forma parte de la responsabilidad de los hijos para con Dios y para con sus padres. La manera que un niño tiene de agradar a Dios es obedeciendo a sus padres

---

* En el inglés "andar humildemente con tu Dios" (N. del T.)

con alegría. Mientras que la desobediencia voluntaria y las malas actitudes no son nunca aceptables y han de corregirse con unos azotes.

Los padres que utilizan premios tales como dinero o caramelos para hacer que sus hijos obedezcan, no están ayudando a desarrollar el carácter de los niños como es debido. En vez de enseñarles a obedecer porque la obediencia es justa y Dios la espera de ellos, les están enseñando el concepto egoísta de obedecer "por lo que uno pueda obtener con ello".

Un día, mientras mi esposa estaba en la cola de un banco esperando, observó como una madre intentaba que su hijo de dos años fuera adonde ella estaba. Le dijo varias veces: "¡Ven aquí!" —pero el niño, en vez de obedecer, salió corriendo en otra dirección. Desesperada, la madre le dijo: "Ven aquí y te doy un pirulí" — esta vez el niño vino a ella inmediatamente. Eso no es enseñar a obedecer, sino más bien recompensar al niño por su obstinación.

Para comprender cuán importante son las áreas de la obediencia y de las buenas actitudes en la relación de un niño con Dios, con sus padres y con todo en esta vida, necesitamos estudiar más detenidamente cada una de ellas.

La obediencia

"Hijos, obedeced a vuestros padres en todo, porque esto agrada al Señor" (Colosenses 3:20).

Una vez, discutiendo el asunto de la obediencia de los hijos a los padres, un padre ponía en duda que tal obediencia fuera posible en su caso, diciendo: "Puede que hayas sido capaz de hacer que tus hijos te obedezcan, pero con *mis* hijos no dará resultado. Tienen personalidades diferentes que los tuyos, y el obedecer no les es natural". La Biblia no enseña en ningún lugar que la obediencia a las buenas actitudes sean naturales para ningún niño. Lo que es natural en ellos es la desobediencia. Los padres no necesitan enseñar a los niños a mentir, a ser rebeldes o a enfadarse; pero sí a obedecer —sea cual fuere su personalidad.

Cada niño es una creación única de Dios. Cada uno tiene rasgos físicos, una personalidad, aptitudes y habilidades característicos.

Aun así, sin importar cuanto puedan variar estas áreas de un niño a otro, todos pueden aprender a obedecer.

Nuestro hijo era un niño muy activo —siempre estaba de un lado para otro— pero tuvo que *aprender* a estar sentado y callado a ratos. El aprender a obedecer le ayudó a desarrollar el camino propio. Nuestra hija era mucho más tranquilla y reservada, pero muy testaruda. Cuando le pedíamos que viniera o que no tocara alguna cosa, a menudo se quedaba en pie mirándonos, negándose a obedecer. El aprender a obedecer le ayudó a vencer su terquedad. Uno necesitó más atención en unas áreas, y otro en otras; pero el asunto de la obediencia fue común para ambos. Dios no ha eximido a ningún temperamento o personalidad infantil de cumplir su mandamiento en cuanto a la obediencia a los padres. Ya que Dios da tanta importancia a esto, la desobediencia voluntaria es una de las áreas principales en la que los niños necesitan la corrección amorosa de los azotes.

Para reconocer la desobediencia voluntaria, un padre necesita saber la diferencia entre lo que un niño *puede* y *rehúsa* hacer. Si se le pide a un niño de dos años que pase la aspiradora y no lo hace, esto no se puede considerar como desobediencia voluntaria ya que su edad limita su capacidad o comprensión para obedecer. Sin embargo, si a ese mismo niño se le dice: "Ven aquí", y se niega, yéndose en otra dirección sin hacer caso del padre, eso sí es desobediencia voluntaria. Está claro para el padre que el niño puede "venir aquí", pero no quiere hacerlo.

La Biblia establece que la obediencia ha de ser completa — siempre, naturalmente, que los padres no estén requiriendo de los niños el que hagan algo declaradamente malo. Los niños no han de obedecer a los padres soló cuando— o si tienen ganas de hacerlo. Dios quiere que se sometan a la autoridad de sus padres y que aprendan a obedecerlos en todo. La obediencia parcial por parte de un niño no es aceptable y necesita disciplina. A los niños muy pequeños, sólo se les debería pedir una o dos cosas sencillas a la vez. En vez de decir a un niño que empieza a andar: "Limpia tu habitación", su madre le dice: "Mete cinco juguetes en la caja"; cuando ha terminado, le vuelve a decir: "Ahora mete cinco más" (¡Y de paso el jovencito adquiere algo de experiencia con los números!).

Si se le pide a un niño mayorcito que tire

la basura y limpie la acera, pero sólo hace la
primera cosa; no se puede llamar a eso obediencia completa. Si se les reparten a los
niños tareas en la casa, deberían cumplir
con sus responsabilidades (incluyendo el
recoger las herramientas utilizadas) antes
de irse a hacer otras cosas.

La importancia de la obediencia completa
la vemos en la historia de la obediencia
parcial del rey Saúl. Dios mandó a Saúl que
destruyera por completo a los amalecitas,
incluyendo su ganado. Cuando Saúl se encontró frente a Samuel después de la batalla, éste le preguntó si había obedecido a
Dios en todo. Mientras él afirmaba que sí,
Samuel oyó el balido de las ovejas detrás de
ellos; y cuando inquirió acerca de aquello,
Saúl justificó su desobediencia diciendo que
había dejado con vida al ganado para ofre-
cerlo en sacrificio a Dios. Esta fue la respuesta de Samuel: "Ciertamente el obedecer es mejor que los sacrificios, y el prestar
atención que la grosura de los carneros".
Como consecuencia de aquella obediencia
parcial, Dios le quitó a Saúl el reino. (Véase
1 Samuel 15).

*Otro aspecto importante de la obediencia
es la prontitud.* El viejo adagio de que la

obediencia postergada es desobediencia, conserva aún su verdad. Cuando un padre le pide a su hijo que haga algo una vez, en un tono normal de voz, el niño debería estar enseñado a obedecer sin que haga falta repetírselo. Algunos padres puede que pongan en duda la importancia de enseñar a los niños a obedecer con prontitud. El principio más importante en cuanto a la prontitud en la obediencia es que un niño aprenda a obedecer a la palabra de un padre, ya sea ésta "No" o una orden específica como "Recoge tus juguetes". Si los niños aprenden a obedecer a las órdenes sencillas cuando son pequeños, sus corazones estarán preparados para obedecer al Señor en asuntos más importantes cuando sean mayores. Si un padre le dice a su hijo: "No cojas más patatas fritas ahora; ya has comido bastantes", pero tres minutos después va el niño y coge un puñado, eso es desobedecer.

Los padres pueden también caer en la trampa de sólo tomar medidas después de hacer repetidas advertencias, o cuando ya están airados o frustrados. Los niños deben aprender que sus padres quieren decir lo que dicen y que *esperan que se les obedezca la primera vez que hablan*. La razón por la que tantos niños no obedecen hasta que sus padres se lo han pedido cuatro o cinco veces, o hasta que se ponen furiosos y les amenazan, es porque se les ha enseñado a esperar hasta entonces. Los niños aprenden muy pronto a conocer en qué momento sus padres quieren realmente decir lo que están diciendo.

Una madre contaba de lo frustrada que estaba en cuanto a conseguir que su hija le obedeciera. Decía que pedía las cosas una y otra vez, sin lograr nada; hasta que por fin, desesperadamente enfadada, decía: "Mejor es que me obedezcas ahora, o vas a tener problemas serios". Discutiendo luego esto con nosotros, aquella madre comprendió por qué obtenía una respuesta positiva de su hija al llegar a ese punto: le había enseñado a obedecer cuando oía la frase "o vas a tener problemas serios". La niña sabía que aquella era la señal, la frase que indicaba que su madre realmente quería decir lo que estaba diciendo. Lo propio y mas fácil, tanto para un hijo como para un padre, es enseñar al niño a que obedezca de primera instancia. Los resultados son un hogar lleno de paz tanto para los padres como para los niños.

Las consecuencias de la obediencia postergada podemos verlas en el libro de Jonás. Jonás finalmente fue al lugar adonde Dios le había mandado ir, a Nínive; pero por su tardanza en obedecer puso en gran peligro su vida y las vidas de otros. (Véase Jonás 1 y 2). Una obediencia sin demora y completa es una característica importante de una vida que agrada a Dios. También es vital para el bienestar total del niño. Un padre que da voces a un niño a punto de meterse corriendo en una calle de mucho tránsito, espera de él una obediencia total para proteger la vida de su hijo.

Los niños necesitan aprender a obedecer a la palabra de sus padres, incluso si otro adulto les dice que hagan algo diferente.

Un día, mi esposa y mi hija—que entonces sólo tenía dos años—fueron de visita a casa de un amigo nuestro. Durante la visita, nuestra hija fue a la mesita donde estaban, muy bien ordenadas, las revistas y estaba a punto de sacarlas, cuando mi esposa le dijo: "¡No! No toques las revistas".

Mientras la niña estaba aún indecisa en cuanto a si debía o no obedecer, nuestro amigo dijo: "No importa; déjale jugar con ellas".

Mi esposa contestó: "Gracias, pero ya le

he dicho que no, y quiero que obedezca a mi palabra". Cuando los niños son muy pequeños, es importante afirmarse en lo que uno ha dicho, para no confundirles acerca de lo que significa tu palabra. El que tus palabras tengan un significado real ayudará a establecer tu autoridad delante de tus hijos.

También, *la obediencia por parte de los niños debe ser algo incuestionable*, y no debe estar basada en cuán razonable pueda parecerle una orden al niño. La orden del padre no tiene que ser razonable para que el niño la obedezca. Los padres que intentan razonar con sus hijos, con el propósito de que éstos obedezcan, por lo general terminan frustrados y manipulados, llegando a usar el soborno como un medio para obtener la respuesta que buscan.

En cierta ocasión, una madre que quería que su hija de seis años fuera a la cocina para comer, llamó a la niña por la ventana:

—Nena, ¿no quisieras entrar y comer ahora?

—No, mami, lo estoy pasando muy bien—fue la respuesta.

—Piensa en lo buena que estará la comida.

—Luego, mamá.

—¿No te parece que sería mejor comer ahora?

—No.

—Mami tiene tu comida lista; anda, entra a comer. Si lo haces te llevaré al parque una hora, para que puedas montar en los columpios.

—Sí, mami, enseguida entro.

En vez de decirle a su hija sencillamente lo que quería y demandar de ella una obediencia enseguida, la madre intentaba inducir a la niña a obedecer. Un método como éste, que necesita del soborno para obtener resultados, puede que al final obtenga una respuesta, pero no se podrá llamar obediencia; así no se enseña a un niño a obedecer.

La obediencia no es sólo una respuesta apropiada a la palabra de un padre, sino también a la Palabra de Dios. Cosas tales como el mentir y el robar, también se han de corregir con unos azotes; de esta manera, los padres están reforzando la autoridad de la Palabra de Dios en las vidas de sus hijos.

Las actitudes

La otra área principal en la que los niños necesitan disciplina, es la de las buenas actitudes. Dios no sólo desea una obediencia pronta y completa, sino también *gozosa*, que salga del corazón: "Servir a Jehová con alegría" (Salmo 100:2). No se trata de una actitud fingida o de una pose hacia afuera que un niño adopta, ni tampoco de una alegría basada en circunstancias favorables, sentimientos agradables o en el conseguir lo que quiere. Si los niños son alegres sólo cuando se salen con la suya, entonces no son verdaderamente alegres. La verdadera alegría es el resultado de una elección del corazón que se deleita en obedecer. El gozo verdadero lo experimentan los niños que saben que su obediencia agrada tanto a Dios como a sus padres.

Si un padre le pide a su hijo que limpie su habitación, y el niño se pone a hacerlo con cara larga y quejándose, ésta no es una obediencia gozosa. Si se le dice a un niño que es hora de acostarse y éste se va a su cuarto haciendo pucheros, no está obedeciendo con gozo. Estas actitudes negativas necesitan la amorosa corrección de unos azotes. Un niño que se queja o gime, está manifestando una actitud de desagradecimiento o protesta que necesita corrección.

Se debe animar a los niños a que vayan a

sus padres en todo momento, y a que se expresen libremente y hagan preguntas; pero ha de enseñárseles a hablar en un tono de voz agradable, mostrando el respeto y la satisfacción que nacen de una buena actitud. Ya que las buenas actitudes dependen de la voluntad y no de las emociones, un niño puede escoger estar alegre y satisfecho. Los sentimientos, las emociones, son un barómetro de la voluntad. Cuando un niño escoge la actitud debida, el resultado es la respuesta emocional apropiada. Por ejemplo: A la hora de comer, a un niño puede no gustarle una comida particular que se está sirviendo, pero se le puede enseñar a que la coma con un corazón agradecido. Incluso a un niño pequeño, se le puede decir: "por favor, cambia de actitud y ponte contento"—y acostumbrarle a que lo haga.

Cierta experiencia que tuve con mi hijo, me ayudó a entender cómo puede un padre ayudar a un niño para que escoja superar una mala actitud. Cuando era más pequeño, de vez en cuando se despertaba de la siesta de mal humor y quejoso. En vez de corregir su actitud, la acepté; razonando que después de todo era normal que un niño se sintiera mal y estuviera de mal humor después de su siesta. Pero un día fui desafiado por el comentario de un visitante que observó por casualidad aquella actitud: "¿Sabes una cosa, Roy?" me dijo; "esa actitud de mal genio no deberías consentirla". Mientras pensaba acerca de aquella observación, empecé a comprender que era verdad. Me di cuenta de que mi hijo estaba actuando así porque yo lo estaba permitiendo, y que al hacerlo no le estaba amando como debía. Estaba dejando que sus emociones le dominaran, lo cual hacía de él alguien infeliz después de la siesta. Entonces entendí la necesidad y la importancia de la correción en esa área. La siguiente vez que se despertó de la siesta de mal genio, le dije: "Ya sé que te acabas de levantar de la siesta y que todavía estás un poco dormido, pero no quiero que estés quejoso o de mal humor mientras te despiertas del todo". Con sólo unos pocos azotes cambió completamente su disposición. Todavía tardaba algún tiempo en despertarse por completo de su siesta, pero su actitud era afable y complaciente. Aprendió realmente a escoger estar contento, y como resultado de su elección adquirió una nueva costumbre mucho mejor.

Las actitudes negativas y egoístas de los

niños, a menudo salen a la luz cuando están jugando con sus amigos o hermanos, y se expresan discutiendo, quitándole a otro lo que tiene, pellizcando o peleando. Los niños pueden aprender a ser amables entre sí. Cuando protestan o cogen rabietas, también están manifestando una mala actitud. Se necesitan unos azotes para corregir dichas actitudes.

Una rabieta no es algo a lo que los padres no debieran prestar atención, o de lo que se debieran reír, o que debieran imitar para mostrar al niño lo ridículo que parece. Los niños descubren diferentes maneras de salirse con la suya. Algunos actúan de una manera encantadora, otros suplican, otros cogen rabietas. Algunos niños harán como que no oyen, otros como que no entienden, mientras que otros usarán la táctica del "Se me olvidó". Los niños necesitan entender que las malas actitudes no son aceptables nunca.

Si no se trata con ellas pronto y con firmeza, no sólo harán infeliz al niño, sino que también afectarán al bienestar de toda la familia.

Supongamos que papá y mamá van a llevar a la familia de excursión a la granja del tío Juan, pero a Roberto, el niño de seis años, le gustaría más quedarse en casa e ir a nadar. Como protesta, hace pucheros y se queja: "No quiero ir". Mientras la familia empieza a cargar el coche para el trayecto, Roberto sigue apático, quejándose y protestando. Todo el paseo en coche es un viaje tenso porque Roberto no se ha salido con la suya. Antes de llegar a la granja, hace un último esfuerzo por conseguir lo que quiere y coge una rabieta. Una vez allí, comprendiendo que su intento final ha fracasado, decide estropearle a cada uno el día lo mejor que pueda; resentido y nada cooperativo se las arregla para lograr su propósito. Todos se sienten aliviados cuando llega el momento de volver a casa, porque la actitud de Roberto les ha estropeado la diversión a todos y cada uno en la familia. Es triste decirlo, pero este tipo de historia se repite una y otra vez en muchas familias porque los padres no corrigen esas malas actitudes de una manera adecuada.

La obediencia y las buenas actitudes aparecen juntas en una porción de la Escritura que recalca la importancia que tienen para Dios: "Y vendrán sobre ti todas estas maldiciones, y te perseguirán, y te alcanzarán hasta que perezcas; *por cuanto no habrás atendido a la voz de Jehová tu Dios, para guardar sus mandamientos y sus estatutos que él te mandó* [obediencia]; y serán en ti por señal y por maravilla, y en tu descendencia para siempre. *Por cuanto no serviste a Jehová tu Dios con alegría y gozo de corazón* [actitud], por la abundancia de todas las cosas" (Deuteronomio 28:45-47). La obediencia y las buenas actitudes son los temas claves al "instruir al niño en su camino". Así ayudamos a nuestros hijos a conocer los propósitos de Dios para sus vidas; propósitos que podemos ver en el siguiente cuadro:

El propósito de Dios	*Necedad*
1. Obediencia amorosa—siguiendo a su Hijo Jesucristo	1. Desobediencia— siguiendo el camino propio
2. Buenas actitudes— conformados a la imagen de Cristo	2. Malas actitudes— manifestaciones del egoísmo

EXCUSAS PARA NO DISCIPLINAR*

1. "Todavía es pequeño para comprender". Si un niño es lo bastante mayor para

---

* Tomado del libro *Cómo criar hijos felices y obedientes* publicado por Editorial Betania, Minneápolis, MN.

saber lo que significan las palabras "perrito", "helado" o "adiós", también lo es para comprender la palabra "no". He visto a padres alardear de lo listos que son sus hijos, diciendo: "Ya sabe decir adiós con la manita", o "Ya sabe hacer 'Palmas palmitas' ". Pero cuando se trata de obedecer y de ser un fastidio para otros, dicen que los niños no entienden y que se debe ser tolerante con ellos. Pero esto no es sino una excusa.

2. "Hoy está muy cansado. Siempre es desobediente cuando está cansado".

Esta es una manera muy corriente de excusar la desobediencia. Es interesante notar que dos minutos antes de que el niño desobedeciera, no estaba cansado; pero después de desobedecer, de repente está "muy cansado". Aun siendo verdad que el niño esté cansado, puede aprender a controlar su comportamiento y actitud.

3. "El no tiene la culpa".

Supongamos que Juanito quiere la pelota con la que está jugando su hermana Rosita. Juanito patalea y grita, gimotea y se queja, y llorando dice: "¡Quiero jugar con la pelota!"

Un padre puede excusar este comportamiento razonando de la siguiente manera:

"Si tuviera la pelota, no estaría enfadado; así que voy a pedirle a Rosita que se la dé, y estará contento".

Un razonamiento como éste, implícitamente, culpa a Rosita del detestable comportamiento de Juanito, ya que si Rosita no estuviera jugando con la pelota Juanito se portaría bien. Pero está bien claro que lo que está mal es el comportamiento de Juanito; y que Juanito necesita disciplina.

Otro ejemplo podríamos tenerlo en el caso de que Juanito mintiera a su madre regularmente, pero que ésta echara la culpa de las mentiras de su hijo, Pedro, con quien éste juega. Juanito ha aprendido a mentir de Pedro, y por lo tanto no es culpa suya.

Aun cuando los niños se traten con otros que se portan mal, los padres deben exigir de sus hijos un buen comportamiento. El principio clave en este caso es disciplinar por mal comportamiento; el establecer de quién es la culpa o quién es el responsable es siempre difícil. Es el comportamiento lo que los padres deben disciplinar con vistas a mantener el control.

4. "Se porta así porque no estamos en casa".

Esta es meramente otra excusa para justificar una mala educación en el hogar. Si estás visitando algún lugar, o de vacaciones, no debes culpar al nuevo ambiente por la desobediencia y el mal humor de tu hijo. El niño debe obedecerte en cualquier lugar donde se encuentren. *Tú* eres la seguridad del niño; ha de obedecer a *tu palabra* donde estén: comprando, en el zoológico, o incluso en casa de la abuela.

5. "Lo único que pasa es que no se encuentra bien; probablemente le está saliendo un diente".

Los padres han de ser sensibles a la necesidad que sus hijos puedan tener de un descanso apropiado y de un cuidado especial cuando no se encuentran bien; y desde luego no se debe disciplinar a los niños por estar enfermos. Pero no se puede excusar la desobediencia como un mero "no encontrarse bien". Si un niño está muy enfermo, lo estará también para ser desobediente. Pero si lo único que le pasa es que tiene un catarro o que le está saliendo un diente nuevo, la palabra "no" todavía debe significar no y "sí", sí.

6. "Es exactamente como su tío Jaime. Jaime también tiene mal genio".

La vara de la corrección ha de tratar con

cualquier rasgo hereditario que no sea apropiado, aún si a otro miembro de la familia no se le ha administrado. Probablemente ya es demasiado tarde para el tío Jaime, pero puedes estar seguro de que no lo es para tu hijo.

7. "Ya se le pasará con el tiempo".

Puede que al niño se le pasen con el tiempo las manifestaciones externas de la desobediencia, pero no las actitudes asociadas con ella. Por ejemplo: Al empezar a ir al colegio, los niños aprenden que si quieren tener amigos no han de pellizcar o pegar a otros; aprenden a conformarse exteriormente con ciertas normas de comportamiento. Pero las actitudes que yacían detrás del pellizcar y del pegar, se manifestarán en otras formas de agresividad. La temprana disciplina de los padres corregirá dichas actitudes pecaminosas.

Pensamiento clave

Los azotes se han de dar para corregir la desobediencia voluntaria y las malas actitudes.

Versículo clave

"Hijos, obedeced a vuestros padres en todo, porque esto agrada al Señor"
(Colosenses 3:20).

Tercera Parte

Cómo dar los azotes

Los padres necesitan comprender por qué Dios considera tan necesarios los azotes y cuándo se deben dar; pero es importante que sepan también *cómo* han de hacerlo. Algunos padres que dicen dar azotes a sus hijos, ven muy pocos resultados en cuanto a lograr que eśtos obedezcan y tengan buenas actitudes; el problema puede ser que lo que quieren decir con "dar azotes" sea sólo propinar un par de palmaditas en el trasero. Esta no es la manera en que deben darse los azotes, ni producirá los resultados deseados. Hay ocho cosas principales que se han de comprender para que unos azotes sean efectivos. Como dice Larry Christenson en su libro *La familia cristiana**, los azotes son "un acontecimiento", y porque son un acontecimiento necesitan tener dirección y propósito.

---

*Publicado por Editorial Betania, Minneápolis, Minnesota, U.S.A.

OCHO INSTRUCCIONES PARA DAR AZOTES

1. Usa el instrumento apropiado.

"La *vara* y la corrección dan sabiduría; mas el muchacho consentido avergonzará a su madre" (Proverbios 29:15); "El que detiene el *castigo*, a su hijo aborrece; mas el que lo ama, desde temprano lo corrige" (13:24); "La necedad está ligada en el corazón del muchacho; mas la *vara* de la corrección la alejará de él" (22:15); "No rehúses corregir al muchacho; porque si lo castigas con *vara*, no morirá. Lo castigarás con *vara*, y librarás su alma del Seol" (23:13,14).

Dios ha enseñado a los padres que deben usar una vara, no la mano, cuando tienen que corregir amorosamente a sus hijos con unos azotes (la vara es algo *flexible*). La mano es parte del padre y se debe usar para expresar afecto y prestar un servicio amoroso.

Un día, un padre que había usado su mano como instrumento para disciplinar, se acercó a su hijo para abrazarle tiernamente; en vez de responder positivamente a este gesto, el niño se atemorizó y retrocedió cuando vio los brazos de su padre extendidos hacia él.

La vara es un objeto neutral, que tiene un propósito específico y debería tener su propia identidad para un niño. Mi esposa recuerda todavía el respeto que le tenía a la "varita" colocada en el estante rojo que había en la cocina de la granja de Minnesota donde creció. Aunque temía a aquella vara de un modo particular, no sentía ningún miedo de sus padres, sino sólo amor y aprecio hacia ellos.

Dios ha enseñado a los padres que los azotes se han de dar con una vara, porque en su sabiduría conoce que es la manera más efectiva de proveer la corrección amorosa que los niños necesitan. La razón de ello es que los azotes, aunque son un acto externo, en última instancia tratan con las actitudes del corazón del niño. Unos azotes no son una experiencia agradable, pero sí una experiencia que cambia el carácter. Por medio del dolor que producen los azotes, se ha de guiar al niño al arrepentimiento de lo que —él o ella— estuviera haciendo mal. Una vara es el instrumento más efectivo para dar azotes, porque su flexibilidad produce el mayor dolor posible sin que se corra el peligro de ocasionar lesiones físicas. Objetos rígidos y duros, tales como paletas o cucharas de madera, no producen tanto dolor y pueden lesionar a un niño. Los cinturones, aunque flexibles, no son tan efectivos como las varas y también pueden causar lesiones.

Otras formas de disciplina, tales como el mandar a un niño al rincón, dejarle sin cenar, o mandarle a su habitación, no son efectivas, porque no tratan de un modo adecuado con la desobediencia voluntaria ni con las malas actitudes del corazón. A menudo, cuando se manda a los niños al rincón o a su habitación, el resentimiento y la amargura tienen la oportunidad de crecer en sus corazones. Las palabras ásperas, duras o de desprecio, como por ejemplo "inútil" o "niño malcriado", son destructivas para un niño y nunca se deben considerar como un tipo apropiado de disciplina. A veces, incluso padres que nunca pensarían en dar azotes a sus hijos por considerarlo cruel e injusto, les dicen palabras cuando están enfadados que causan heridas internas las cuales pueden tardar toda una vida en curarse.

Una y otra vez oigo a padres hablar acerca de los cambios positivos que han visto en sus hijos cuando han comenzado a darles azotes con una vara en los momentos en que los necesitaban. Personalmente, tardé en ver la importancia de usar una vara; pero ahora que mis hijos son mayores, me han confesado que respetaban y temían más a la vara que a ninguna otra cosa que yo haya usado para darles azotes.

También se debería mencionar, que puede que a veces los azotes con vara dejen marcas en el trasero de un niño, especialmente si hay que corregirle varias veces en un corto período de tiempo. Sin embargo, dichas marcas son temporales y no deberían ser causa de desaliento para los padres. Es mejor para los niños llevar una pocas marcas temporales externas, que cosas tales como la desobediencia y malas actitudes en su interior; las cuales pueden dejar marcas permanentes en su carácter: "Los azotes que hieren son medicina para el malo, y el castigo purifica el corazón" (Proverbios 20:30).

2. Da los azotes pronto.

Los azotes se deben dar lo antes posible, una vez que el niño ha hecho algo que necesita corrección. La madre no debe postergarlos "hasta que papá llegue a casa". Por otro lado, el padre debe cumplir con su responsabilidad de administrarlos cuando está presente y no dejárselo sólo a su esposa. Un niño tiene la obligación de obedecer a *ambos* padres, y ambos han de ocuparse de aplicar la disciplina cuando se necesita. Por causa del orden de Dios para el hogar, es importante que un marido respalde a su esposa para que ella pueda cumplir de una manera efectiva con su obligación de disciplinar.

Una de las razones por las que los azotes se han de dar sin demora, es porque si se postergan es muy probable que los niños más pequeños olviden la razón por la que se les disciplina. Si un niño de dos años rehúsa permanecer sentado en la iglesia y no se le dan azotes hasta que la familia vuelve a casa, en vez de sacarle fuera durante el culto para hacerlo, se habrá perdido el propósito así como el sentido de tales azotes; y el niño quedará muy confuso acerca de lo que sus padres esperan realmente de él.

Los azotes han de darse pronto por causa de las actitudes negativas que se pueden desarrollar en el corazón de un niño; es fácil que el endurecimiento, el resentimiento o la amargura crezcan si se retrasa la disciplina: "Por cuanto no se ejecuta luego sentencia sobre la mala obra, el corazón de los hijos de los hombres está en ellos dispuesto para hacer el mal" (Eclesiastés 8:11); "Castiga a tu hijo en tanto que hay esperanza; mas no se apresure tu alma para destruirlo" (Proverbios 19:18).

Imaginemos que una familia ha salido a pasar un día divertido en el parque, y que un niño se pone desobediente en el coche; un padre no debería decir: "Cuando volvamos a casa vas a recibir unos azotes". Eso puede crear una presión en el espíritu del niño que le afecte durante todo el día. Los niños necesitan la liberación que producen los azotes. Nunca se deberían dejar "colgando" éstos sobre la cabeza de ninguno.

3. Busca un lugar apartado.

Los azotes son un asunto privado entre un padre y un hijo; su propósito es la corrección, no el avergonzar al niño. Antes de darle unos azotes, el padre debería llevar a su hijo a un lugar donde la privacidad estuviera asegurada. Si un padre se encuentra fuera de casa con su hijo y éste necesita unos azotes, debe tomar tiempo para buscar un lugar apartado. Esto puede suponer la interrupción de alguna actividad que se esté realizando—como el comprar, pero cuando los niños se dan cuenta de que sus padres consideran la educación más importante que su actividad personal, aprenderán rápidamente que la obediencia también se espera de ellos cuando están lejos de casa.

Un día, mi esposa había ido de merienda a un parque con algunas amigas y sus hijos. En un cierto momento del día, uno de los niños se puso desobediente y necesitaba que se le dieran unos azotes. Como no había baños en el parque, su madre le llevó a su automóvil, cerró las puertas y allí se los dio. Quizás no fuera el lugar mas adecuado, pero proveyó el recogimiento necesario. La Biblia dice: "Corrige a tu hijo, y te dará descanso, y dará alegría a tu alma" (Proverbios 29:17).

4. Aclara el asunto.

Antes de dar los azotes, es importante estar seguro de que el niño entiende la razón por la que se le dan, para guiar a dicho niño al arrepentimiento en cuanto al asunto en particular. Cuando Dios corrige a sus hijos espirituales, siempre es muy específico en cuanto al por qué lo hace. Nunca es vago o misterioso acerca de la disciplina. Cuando el rey David pecó, Dios mandó a un profeta para que le enfrentara con el asunto de una manera en que pudiera comprender (véase 2 Samuel 12). El pecado necesita ser expuesto y sacado a la luz. La tendencia natural del corazón es a esconderlo y a encubrirlo, pero "el que los confiesa y se aparta alcanzará misericordia" (Proverbios 28:13).

Los niños necesitan comprender que los azotes no son un ataque personal contra ellos, sino la corrección por lo que han hecho mal. Es el egoísmo lo que estorba la auto-estima del niño, no la corrección del mismo.

Al explicar a un niño el porqué de los azotes, un padre puede usar un lenguaje senci-llo y directo. La explicación siempre debe centrarse en lo que el niño ha hecho. Los padres deben evitar el hacer comentarios vagos como: "¿Crees que eso está bonito?", o "¿Cómo has podido hacerme algo así?", o aun "¿Qué va a pensar papá?". Tales comentarios pueden apelar a la razón o a las emociones de un niño, pero no al corazón. Es mejor señalar enseguida lo que está mal: "Mamá te dijo que no lo hicieras y has des-obedecido"; "Te dije que dejaras de quejar-te", o "Me has mentido diciendo que no habías comido ninguna galleta". Si un padre no está seguro acerca de los hechos que rodean al incidente, que pregunte al niño: "¿Qué has hecho?" A menudo, los niños, con la intención de ocultar su pecado, tratarán de esquivar la acusación diciendo al padre o a la madre lo que hizo algún otro. A veces, puede que un padre tenga que esperar un rato hasta saber lo que realmente pasó, pero por lo general la verdad termina saliendo a luz.

5. Hazle adoptar una buena postura.

Muchas veces, los padres no pueden dar unos azotes efectivos porque sus hijos no están en una postura física adecuada para recibirlos. El colocar al niño sobre las rodillas del padre puede dar buenos resultados cuando se trata de un niño pequeño, pero cuando ya son un poco mayores es mejor hacer que se inclinen sobre una silla o sobra la cama.

Una postura apropiada refleja también una buena actitud para recibir corrección. Los niños que luchan contra los azotes dando patadas, retorciéndose o parándolos con sus manos, necesitan aprender a someterse a la corrección.

Un día, cuando mi hija era todavía de edad preescolar, empezó a luchar para evitar unos azotes que estaba a punto de darle. Nunca antes me había pasado aquello y no estaba seguro de lo que debía hacer. Días más tarde, cuando yo estaba trabajando, le sucedió lo mismo a mi esposa, cuando fue a darle azotes por haber desobedecido. Pasado algún tiempo, cuando todavía estaba buscando la respuesta al problema, leí Proverbios 15:10: "La reconvención es molesta al que deja el camino; y el que aborrece la corrección morirá". En este versículo vi la seriedad de la rebeldía contra la corrección. Me di cuenta de que aquél era un asunto que había que tratar aparte en la vida de mi hija; así que hablé con ella y le expliqué que no quería que luchara tratando de evitar los azotes cuando los necesitaba: si lo hacía tendría que pegarle separadamente por ello. Todavía tuve que darle azotes varias veces más por esta causa, pero el resultado fue un cambio en su actitud hacia la disciplina. En vez de luchar y resistirse, acabó adoptando una postura que revelaba una buena disposición interna para recibir la corrección. Este cambio hizo todo el asunto de la disciplina mucho más fácil, tanto para mi esposa y para mí, como para nuestra hija; y aportó una dulzura y alegría especiales a su total disposición.

6. Da los azotes donde es debido.

Dios ha proporcionado a los padres el lugar perfecto para administrar los azotes: el trasero del niño. Este, además de ser un sitio seguro por estar bien mullido, es altamente sensible. Para que unos azotes sean efectivos se necesita lograr un buen contacto. Si un niño pequeño lleva encima varias capas de pañales, o uno mayorcito viste unos pantalones vaqueros de tela fuerte, los azotes no serán efectivos. Sin embargo, los padres han de usar de sabiduría práctica en cuanto a la cantidad de ropa que han de quitar antes de pegarle al niño mayorcito. Recuerda que el propósito al dar azotes no es avergonzar o humillar a tu hijo.

En cierta ocasión, mi esposa tenía que dar unos azotes a nuestro hijo joven. Como tenía prisa para ir a cierto sitio, y no quería que le tomaran demasiado tiempo, le llevó al dormitorio, hizo que se inclinara sobre la cama y se los dio rápidamente. Cuando terminó, el niño se volvió hacia ella y le dijo: "Mamá, ¿puedes darme otros azotes? Deja que esta vez me baje los pantalones, no me ha dolido bastante". Quedé tan sorprendido como mi esposa cuando supe del incidente; pero aquello nos ayudó a entender cuánto necesitan los niños una disciplina *efectiva* que les proporcione liberación.

7. Espera el llanto apropiado.

El propósito de los azotes es guiar al corazón del niño al arrepentimiento. Arrepentirse significa cambiar de actitud hacia aquello que se ha hecho mal; sentir verdadero pesar acerca del asunto en cuestión. Es algo diferente al remordimiento, lo que los niños a menudo experimentan cuando se les manda al rincón o se les niega un privilegio; este tipo de disciplina engendra un sentimiento de pesar por haber sido atrapado, en vez de por lo que uno ha hecho.

Las palmadas o las cachetadas no se pueden considerar azotes. Sólo producen ira o resentimiento en los niños, y no arrepentimiento. Los azotes necesitan ser lo suficientemente fuertes y durar lo suficiente para producir un llanto arrepentido, que significa: "Lo siento". Un padre podrá discernir en el llanto de un niño cuándo éste se ha quebrantado y ha llegado a arrepentirse sobre cierto asunto. El llanto de arrepentimiento es diferente de un llanto de ira o protesta, el cual se produce habitualmente al comienzo de los azotes. No es un llanto fingido como el que a veces los niños derraman para librarse de unos azotes concienzudos. Algunos niños gritarán incluso cuando el padre empieza a pegarles, porque habrán aprendido que dicho padre o dicha madre se detendrá cuando gritan de ese modo.

La Biblia advierte a los padres: "Padres, no provoquéis a ira a vuestros hijos, sino criadlos en disciplina y amonestación del Señor" (Efesios 6:4). En *La familia cristiana*, Larry Christenson señala que una manera en la que un padre puede provocar a ira a sus hijos es no guiándoles al arrepentimiento durante los azotes. Este principio se puede ver en el siguiente dibujo:

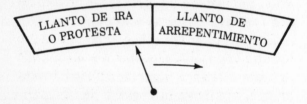

El propósito de los azotes es que la aguja pase a indicar el llanto de arrepentimiento. Si unos azotes terminan demasiado pronto, el niño quedará tan sólo en un estado de ira.

La duración exacta y la dureza que han de tener unos azotes para que produzcan el llanto de arrepentimiento, son cosas que el padre debe determinar. Estas pueden variar de acuerdo con la sensibilidad de la voluntad del niño.

8. Ten un período de reconciliación.

Una vez, después de darle unos azotes a nuestro primer hijo, volví al salón para seguir con lo que estaba haciendo. Mi esposa me miró y me dijo:

—Todavía no has terminado.

—¿Qué quieres decir?—pregunté.

—Has dejado a tu hijo llorando en el dormitorio —dijo—, tienes que volver a terminar el trabajo.

Entonces camprendí lo que quería decir. Volví al dormitorio y pasé unos momentos importantes y necesarios con él.

Después de corregir a su hijo, un padre debe dejar que éste llore durante un período de tiempo razonablemente corto. Entonces debería decirle al niño que deje de llorar, volviendo a ponerle bajo control. Si los padres salen de la habitación inmediatamente después de los azotes, dejando al niño en lágrimas, éstas pueden convertirse en compasión propia. Cuando esto sucede, los niños por lo general irán a buscar la simpatía de otra persona —lo mas probable del otro padre. Esto, no sólo obstaculiza el arrepentimiento del niño, sino que le da la opor-

tunidad de enemistar a sus padres y dividir-
los.

El período de reconciliación después de
los azotes proporciona un tiempo especial de
amor e intimidad entre un padre y un hijo.
También consuela y da confianza al niño,
mientras le ayuda a recuperar su dominio
propio y libertad. El tiempo que un padre
pasa con su hijo después de unos azotes, le
asegura a éste de que el asunto ha sido trata-
do y terminado; es algo que pertenece al
pasado y que no se volverá a sacar a relucir
ni se utilizará en contra suya. Este sentimiento puede ser fortalecido por los abrazos
amorosos y tranquilizadores del padre segui-
dos de un breve tiempo de oración.

También, este tiempo de reconciliación
sirve para confirmarle al padre que el corazón del niño ha llegado a un verdadero arrepentimiento. Esto se puede comprobar
mandándole que dé los pasos de restitución
necesarios. Si ha mostrado una mala actitud
hacia alguien, debe ir a la persona y decirle:
"¿Me perdonas?"; si ha desobedecido, debe
hacer lo que se le había pedido. Esto volverá
a poner al niño bajo la guía positiva de la
obediencia y las buenas actitudes: "Haced,
pues, frutos dignos de arrepentimiento"
(Lucas 3:8).

Pensamiento clave

Los azotes deben ser lo suficientemente fuertes y deben durar lo suficiente para producir el arrepentimiento en el niño.

Versículo clave

"Ninguna disciplina al presente parece ser causa de gozo, sino de tristeza; pero después da fruto apacible de justicia a los que en ella han sido ejercitados" (Hebreos 12:11).

En conclusión

Cuando los niños aprenden a obedecer a sus padres, llegarán a ser realmente felices. La felicidad o contentamiento es un fruto de la obediencia. Mediante los azotes se enseña a los niños, no sólo a tener las debidas reacciones externas, sino también las debidas actitudes internas. El dar azotes es la forma de disciplina más amorosa, ya que realmente libera al niño de la culpabilidad interna. Un niño que no conoce esta libertad es fácil que adquiera un carácter quejoso y malhumorado. Por medio de los azotes, los niños llegarán a experimentar una libertad del egoísmo que permitirá el *florecimiento* de su personalidad y de los dones que Dios le ha dado. Unos azotes administrados de la manera adecuada quebrantarán la rebeldía y la terquedad en la voluntad del niño, pero no su espíritu. Los niños que se disciplinan debidamente con azotes, saben que sus padres les aman y tendrán una imagen de sí mismos saludable y justa. Lo que puede destruir el espíritu y la dignidad de un niño son las palabras y acciones rudas de los padres.

Los azotes producen también el tipo de temor adecuado en los niños: no miedo a los padres, sino al mal —"El temor de Jehova es aborrecer el mal" (Proverbios 8:13). Los niños temen a los padres que reaccionan contra ellos con ira, no a aquellos que los disciplinan en amor.

Por último, es un asunto de vital importancia el que los padres desarrollen una uniformidad entre sí en cuanto a los azotes. Para ser uniforme, el padre y la madre deben trabajar juntos y estar unidos. Deben ponerse de acuerdo en cuanto a las razones por las que han de dar azotes a sus hijos, y cada uno de ellos respaldar al otro en sus decisiones. Si no lo hacen, los niños los enfrentarán entre sí, causando división en el hogar en vez de unidad.

También, si los padres no son uniformes en cuanto al *porqué* y al *cuándo* dar azotes, el desarrollo de los frutos de la alegría y la obediencia se verá estorbado. Los niños serán niños inseguros y confusos, por no saber cuál es su lugar ni lo que se espera realmente de ellos. Como alguien ha dicho: "A los niños pequeños no les preocupa qué tipo de reglas domésticas tienen sus padres, pero sí quieren saber cuáles son esas reglas".

Niños felices son los que saben cuál es su sitio y qué es lo que se espera de ellos. Niños obedientes son aquellos que saben que sus padres quieren decir realmente lo que dicen cuando lo dicen. Saben que "no" quiere decir no y "sí", sí; tanto hoy como mañana. Unos niños alegres y obedientes son el resultado de padres que toman en serio las responsabilidades que Dios les ha dado en cuanto a instruir a sus hijos en su camino y que no se resienten por ello: "Aun el muchacho es conocido por su hechos, si su conducta fuere limpia y recta" (Proverbios 20:11).

Pensamiento clave

Un niño obediente es un niño
feliz; un niño feliz es un niño
obediente.

Versículo clave

"Hijos obedeced en el Señor a
vuestros padres, porque esto es
justo. Honra a tu padre y a tu
madre, que es el primer
mandamiento con promesa;
para que te vaya bien, y seas de
larga vida sobre la tierra"
(Efesios 6:1-3).

Nota Personal

Si has descubierto algunas áreas en tu vida que se quedan cortas en cuanto a lo que Dios desea de ti como padre, ponte delante de El en oración y pídele que haga de ti el padre que El quiere que seas. Comparte con tus hijos tu deseo de intruirles en los caminos de Dios. En aquellas áreas en las que les has fallado como padre, lo mejor es que te humilles sencillamente ante ellos y les pidas perdón. Dios puede traer sanidad por medio de la humillación: "Antes del quebrantamiento se eleva el corazón del hombre, y antes de la honra es el abatimiento" (Proverbios 18:12). Recuerda que es en la medida en que somos hijos espirituales obedientes a nuestro Padre celestial, que estamos en una posición adecuada para saber el tipo de padres que deberíamos ser para nuestros hijos.

Si nunca has experimentado el nuevo nacimiento espiritual que te hace parte de la familia de Dios, puedes hacerlo hoy. Confiesa tus pecados a Dios y dile que deseas volverte de tu propio camino para seguirle a El. Recibe su perdón y limpieza: "Si confesamos nuestros pecados, él es fiel y justo para perdonar nuestros pecados, y limpiarnos de toda maldad" (1 Juan 1:9). Abre por la fe tu corazón y recibe a su Hijo Jesucristo como tu Salvador personal: "Mas a todos los que le recibieron, a los que creen en su nombre, les dio potestad de ser hechos hijos de Dios" (Juan 1:12). Cuando le recibes, recibes vida espiritual: "El que tiene al Hijo, tiene la vida" (1 Juan 5:12). El llegar a ser un hijo o una hija espiritual de Dios por medio de Jesucristo es el primer y más importante paso que puedes dar para llegar a ser el padre que tus hijos necesitan. Confía en El diariamente para cada una de tus necesidades; El puede amar a través de ti, ser tu paciencia, tu sabiduría y tu fuerza.

El autor lleva a cabo un seminario sobre el tema "Cómo ser los padres de unos niños felices y obedientes". Para más información, diríjase a:

Roy Lessin
Box 1010
Siloam Springs, AR 72761
U.S.A.